おはなしドリル 科学のおはなし 小学2年

もくじ

1 こん虫はどこでいきをするの？……2
2 魚はどこでいきをするの？……4
3 魚はねむるの？……6
4 ネコのひげはなんのためにあるの？……8
5 イカやタコにはほねがないの？……10
6 アゲハのさなぎの中はどうなっているの？……12
7 こん虫の目はいくつもあるって本当？……14
8 アリジゴクってどうなっているの？……16
9 ミツバチはなぜはちみつを作るの？……18
10 なぜ冬になっても葉がおちない木があるの？……20
11 水をやらないとなぜしょくぶつはかれるの？……22
12 花を食べるやさいってなに？……24
13 サボテンにはどうしてとげがあるの？……26

14 冬にいきをすると白くなるのはなぜ？……28
15 けがをすると血が出るのはなぜ？……30
16 カにさされるとどうしてかゆくなるの？……32
17 あくびはどうして出るの？……34
18 どうしてつめはあるの？……36
19 虫歯ってなに？……38
20 すなにじ石をつけるとくっつくものは？……40
21 手と手をこするとなぜあつくなるの？……42
22 タマネギを切るとなみだが出るのはなぜ？……44
23 昼と夜があるのはなぜ？……46
24 月のもようはどうしてあるの？……48
25 ながれ星ってなに？……50

答えとアドバイス……52

1 どうぶつ　こん虫はどこでいきをするの？

わたしたち人間をはじめ、ほとんどの生きものは、空気がないと生きられません。

人間は、はなや口をつかって、空気中の「さんそ」というひつような空気を、からだの中にとり入れます。また、「にさんかたんそ」などのいらない空気をからだの外に出します。このことを「こきゅう」といいます。

みなさんは、こん虫がどこでこきゅうをしているか知っていますか。わたしたちとはだいぶちがいますよ。こん虫は、おなかのりょうがわにならんでいる小さなあなをつかって、こきゅうをしています。このあなは「気門」といいます。こん虫は、気門をひらいたりとじたりして、こきゅうを

読んだ日　月　日

❶ さいしょの文からわかるのは、どんなことですか。正しいほうに○をつけましょう。

ア　ほとんどの生きものは、空気があるから生きられる。

イ　ほとんどの生きものは、空気がなくても生きられる。

❷ さんそをからだの中に入れ、にさんかたんそをからだの外に出すことを、何といいますか。

（　　　　　）

2

するのです。気門からは、細いくだがのびていて、からだのすみずみまでさんそをとどけています。トンボなどをよく見てみると、おなかをぴくぴくさせてこきゅうしているようすがわかりますよ。

おなかでいきをするよ

気門

❸ こん虫の気門は、どこにならんでいますか。九字で書きましょう。

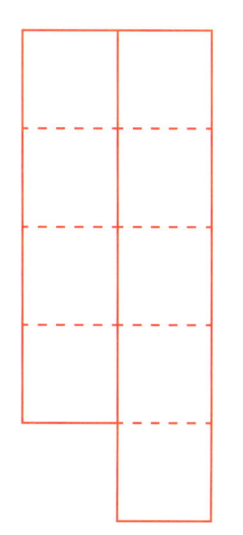

❹ こん虫は、どうやってこきゅうをしますか。一つに○をつけましょう。
ア はなをひらいたりとじたりする。
イ くだをのばしたりちぢめたりする。
ウ 気門をひらいたりとじたりする。

2 どうぶつ 魚はどこでいきをするの？

多くの生きものは、空気にふくまれる「さんそ」がないと生きられません。人間は、はなや口から空気をすいます。そして、「はい」をつかって体内にさんそをとりこみます。かわりに、からだの中でできた「にさんかたんそ」をはき出して生きています。

水中にいる魚は、わたしたちと同じようには空気をすいません。口から水をすいこみ、「えら」をつかって、水の中にとけているさんそを体内にとりこんでいます。にさんかたんそも、えらから出します。

人間は水中ではこきゅうができないので、ずっと水中にいることはできません。それとははんた

読んだ日　月　日

① 多くの生きものにとって、生きるためには空気にふくまれる何がひつようですか。
（　　　）

② 人間は、すった空気の中から、何をつかって体内にさんそをとりこんでいますか。
（　　　）

③ 魚は、どのようにこきゅうをしていますか。（　　）に合う言葉を書きましょう。

いに、魚は水の中から出てしまうと、いきができずに、しんでしまいます。

・水中の（　　）をつかって、水中の（　　）を体内にとりこみ、（　　）を出している。

❹ 本文のないように合う文のほうに、○をつけましょう。
ア　人間は水中でこきゅうができる。
イ　魚は水中でこきゅうができる。

3 どうぶつ
魚はねむるの？

いつも水の中をおよいでいる魚も、ほかのどうぶつと同じようにねむります。とはいえ、わたしたちのねむり方とはだいぶちがいます。夜にねむる魚もいれば、昼間にねむる魚もいます。しゅるいによっても、ねむり方はさまざまです。

たとえば金魚は、夜になると水のそこでじっとしてねむります。マグロのようにはやいスピードでおよぐ魚は、じっとしているといきができないので、スピードをおとしておよぎながらねむります。ベラのなかまやウナギなどは、水のそこのすなの中にもぐりこんでねむります。サンゴしょうにすむ魚のうち、クマノミのなかまは、イソギンチャクの中でじっとしてねむります。

読んだ日　月　日

① 水のそこでじっとしてねむる魚のれいとして、何があげられていますか。

（　　　）

② マグロが、ゆっくりとおよぎながらねむるのはなぜですか。（　）に合う言葉を書きましょう。

（　　　）・（　　　）していると、（　　　）ができないから。

ほとんどの魚にはまぶたがなく、まばたきもしません。だから、いつねむっているか見分けるのは、なかなかむずかしいかもしれません。

❸ クマノミのなかまは、どこでねむりますか。（　）に合う言葉を書きましょう。

・〰〰の中。

❹ 本文のないように合う文はどれですか。一つに○をつけましょう。

ア　ほとんどの魚は、昼間にねむる。
イ　ウナギは水のそこのすなの中でねむる。
ウ　ほとんどの魚にまぶたがあるが、まばたきはしない。

ネコのひげはなんのためにあるの?

ネコのひげは、口の上からりょうがわにのびています。よく見ると、目の上やあごからも、何本か太い毛が生えていて、それらの毛の先を線でむすぶと、顔がすっぽりと入る円い形になります。

のんびりとねているときには、ネコのひげは下のほうをむいています。ところが、まわりをさぐるときには、ひげが顔いっぱいに広がります。けいかいしてすすむときなどには、はなより前にぴんと出てきます。

ネコのひげの根元には、小さなうごきでもわかるとくべつなしくみがあります。ものにふれたり、まわりの空気がゆれたりすると、そのしげきがすぐにからだにつたわるようになっているので

読んだ日　月　日

❶ ネコの顔には、口の上から生えているひげのほか、どこから太い毛が生えていますか。三字と二字で、二つ書きましょう。

❷ のんびりとねているときのネコのひげは、どこにむいていますか。（　）に合う言葉を書きましょう。

す。
ネコは元もと、夜にえさをさがしてうごき回るどうぶつです。長くのびたひげで、てきやえもののうごきなど、目には見えないまわりのようすをさぐっているのです。

⇧ネコのひげの毛の先を線でむすぶと、円い形になる。

・（　）のほう。

❸ ネコのひげがはなより前に出てくるのは、どんなときですか。どちらかに○をつけましょう。
ア　けいかいしながらすすむとき。
イ　まわりをさぐるとき。

❹ 小さなうごきでもネコがわかるしくみは、どこにありますか。五字で書きましょう。

5 どうぶつ

イカやタコにはほねがないの？

イカやタコのからだには、魚や人間などとはちがって、せぼねのようなほねはありません。からだはぐにゃぐにゃとやわらかく、てきが来ると海の中をすばやくおよいでにげます。

いっぽう、ハマグリやサザエなどの貝のなかまは、うごきがおそく、てきが来てもすばやくにげることができません。そのかわりに、かたいからで自分のからだをまもっています。

じつは、イカやタコも、大むかしはからをもつ生きものでした。そのなかで、とても上手に海の中をうごくなかまが出てきました。すると、てきから自分のみをまもるからはだんだんといらなくなって、ついにはきえてしまったのです。

読んだ日　月　日

❶ イカとハマグリでは、どちらのほうがうごきがはやいですか。

（　　　　）

❷ ハマグリやサザエなどのからは、何のためにあるのですか。（　）に合う言葉を書きましょう。

・自分の（　　　　）をまもるため。

10

そのしょうこに、コウイカというイカのからだの中には、「こう」というかたいからのなごりがうまっています。こうは、すなはまによくうち上げられているので、海に行ったらさがしてみましょう。

⇧コウイカと「こう」

❸ 大むかしのイカやタコにはあったけれど、今のイカやタコにはないものは何ですか。

（　　　　　　　　　）

❹ コウイカのからだの中には、何がありますか。（　）に合う言葉を書きましょう。

・かたい（　　　）の（　　　）である、こうというもの。

アゲハのさなぎの中はどうなっているの？

アゲハがさなぎからたん生するしゅん間を見たことがありますか。えだにかけられたさなぎのせなかがわれて、まだはねがしわくちゃなアゲハがよっこらしょと出てきます。細いあしでえだにぶら下がると、みるみるうちにはねがピンとのびて、すぐに、りっぱなチョウになります。

さなぎになる前のアゲハのすがたは、いもむしとよばれたりする大きなよう虫です。チョウのなかまは、よう虫から大人になるときに、かわをぬいで、かならず一度さなぎになります。

さなぎの中では、いったいどんなことがおこっているのでしょう。なったばかりのさなぎをよく見ると、もうチョウの大きな目やはねなどになる

読んだ日　月　日

❶ さなぎから出てきたばかりのアゲハのはねのようすをあらわす言葉を、五字で書きましょう。

❷ さなぎになる前のアゲハのよう虫は、何とよばれていますか。

❸ さなぎになる前に、何をぬぐのですか。

12

ところがわかります。どうやらよう虫のときからからだのつくり直しがはじまっているようです。さなぎになるとさらにすすみ、きんにくも一度とけて、空をとぶための強いきんにくにつくりかえられます。

さなぎの中では、こうして大人になるためのさいごのじゅんびが行われているのです。

さなぎになる
すぐ前のよう虫

さなぎに
なったばかり

❹ 本文のないように合う文はどれですか。二つに○をつけましょう。

ア アゲハのさなぎは、えだにかかっている。

イ チョウのなかまのなかには、さなぎにならないものもいる。

ウ 大人のからだへのつくり直しは、さなぎになってからはじまる。

エ アゲハには、強いきんにくがある。

（　）（　）

7 どうぶつ こん虫の目はいくつもあるって本当？

こん虫の頭をよく見てみましょう。こん虫には、大きな目が二つあることがわかるでしょう。さらによく見てみると、大きな二つの目の上に、小さな点のようなものがあります。じつは、これも目なのです。

こん虫は、二しゅるいの目をもっています。大きな目は、「ふくがん」といいます。ふくがんは、二つの目のように見えますが、じつは「こがん」という小さな目がたくさんあつまってできているのです。ふくがんは、色や形をかんじとるためのものです。

もう一つの小さな点のように見える目は、「たんがん」といいます。おもに明るさをかんじとるものです。

読んだ日　月　日

❶ こん虫の頭にある、大きな二つの目のように見えるものを、何といいますか。

（　　　　　）

❷ ふくがんは、何がたくさんあつまってできているものですか。三字で書きましょう。

□□□

❸ ふくがんは、形のほかに何をかんじとるためのものですか。

ためのものです。たんがんの数は、こん虫のしゅるいによってちがいます。たんがんとふくがんの両方をもっていて、たんがんは三つもついているのです。なかには、たんがんかふくがんのどちらかしかもっていないこん虫もいます。

↑カマキリ

❹ おもに明るさをかんじとるものは、何ですか。

（　　　　）（　　　　）

❺ 本文のないように合う文はどれですか。一つに○をつけましょう。

ア　たんがんの数は、どのこん虫も同じである。

イ　トンボは、たんがんもふくがんももっている。

ウ　ふくがんしかもっていないこん虫はいない。

アリジゴクってどうなっているの？

アリジゴクは、ウスバカゲロウというこん虫のよう虫です。二本の大きなキバをもち、ふだんはすなの中に作ったすりばちのような形のすなあなのそこにひそんでいます。そして、アリがおちてくるのをじっとまっているのです。

細かいすなつぶでできたアリジゴクのすにアリがおちると、すながくずれおちて、アリはうまくのぼることができなくなります。ひっしにのぼろうとするアリにむかって、アリジゴクはキバのような大きなあごをつかい、すなつぶをなげつけます。するとアリは、ますます出られなくなってしまうのです。ついに、あなのそこにすべりおちたアリは、ア

読んだ日　月　日

① ウスバカゲロウのよう虫を、何といいますか。
（　　　）

② アリジゴクのすあなは、どこにありますか。（　）に合う言葉を書きましょう。
（　　　）・（　　　）の中。

③ アリジゴクのすあなは、どのような形をしていますか。（　）に合う言葉を書きましょう。

16

リジゴクにつかまって、すなの中に引きずりこまれてしまいます。そして、アリジゴクの大きなあごにはさまれ、からだのえきをすわれてしまうのです。

アリ
アリジゴク

❹ アリジゴクのすなつぶのようすとして、正しいほうに○をつけましょう。
ア　さらさらしている。
イ　べたべたしている。

❺ アリジゴクは、すにおちて、すから出ようとするアリに、何をなげつけますか。

（　　　）の
（　　　）
（　　　）のような形。

9 どうぶつ

ミツバチはなぜはちみつを作るの？

はちみつは、ミツバチがすにためておく花のみつです。自分たちが生きていくためや、自分たちのなかまをふやしていくための大事な食べものとして、はちみつを作ります。女王バチやはたらきバチ、よう虫たちははちみつを食べ、そのおかげで、食べものをとれなくなる冬の間も、生きのびることができます。

一つのミツバチのすには、一ぴきの女王バチを中心にして、数百ぴきのオスバチと、数万びきのメスのはたらきバチがいます。はたらきバチがあつめてくる花のみつを、すにいるべつのはたらきバチがうけとって、みつをためておくへやまではこびます。

読んだ日　月　日

❶ ミツバチは、はちみつをどこにためておくのですか。（　）に合う言葉を書きましょう。

・ミツバチの（　　　　）。

❷ ミツバチが、食べものをとれなくなるきせつはいつですか。

（　　　　）

❸ 一つのミツバチのすに、一ぴきだけいるのは何ですか。

18

その後、はちみつははねの羽ばたきをつかって水気をとばし、はちみつができあがります。花のみつは、このようにして、えいようたっぷりのはちみつにかわるのです。

❹ 一つのミツバチのすに、いちばん多くいるのは何ですか。どちらかに○をつけましょう。
ア　オスバチ
イ　はたらきバチ

❺ 水分がより少ないのは、どちらですか。正しいほうに○をつけましょう。
ア　花のみつ
イ　はちみつ

10 しょくぶつ
なぜ冬になっても葉がおちない木があるの？

なぜ、しょくぶつには葉があるのでしょう。葉のいちばん大切な役目は、日の光をあびてえいようを作り出すことです。しょくぶつは、そのえいようをもとにして大きくなり、花をさかせ、たねや実を作るのです。

多くのしょくぶつの葉がひらたいのは、広げた葉でたっぷり日光をあびるためです。けれども、ひらたい形の葉は、冬のさむさやかわいた空気に弱いのです。そこでひらたい葉の木は、冬やかわいたきせつになると自分から葉をおとして、よいきせつになるまでせいちょうを休みます。

きびしい冬やかわいたきせつが来ない地いきのしょくぶつは、葉をおとすひつようがありませ

読んだ日　月　日

❶ しょくぶつにとって、葉のいちばん大切な役目は何ですか。（　）に合う言葉を書きましょう。
・日光をあびて、花をさかせたり（　　）や実を作ったりするための（　　）を作り出すこと。

❷ 葉がひらたいと、どんなことがよいのですか。一つに○をつけましょう。

20

ん。ジャングルのしょくぶつが一年中葉をつけているのは、そのためです。ただし、葉をつけたまのように見えても、新しい葉がのびると、古くなった葉を地面におとします。新しい葉が広がってから役目のおわった葉を地面におとすので、ずっと葉がおちないように見えるのです。

ア 葉をうすくできること。
イ 日光をしっかりあびられること。
ウ あつさをふせげること。

❸ ひらたい形の葉は、さむさのほか、何に弱いのですか。

❹ ジャングルのしょくぶつについて、正しい文のほうに○をつけましょう。
ア 古い葉がある間は、新しい葉はのびない。
イ 新しい葉がのびてから古い葉をおとす。

11 しょくぶつ
水をやらないとなぜしょくぶつはかれるの？

わたしたち人間をふくむどうぶつも、しょくぶつも、ほとんどの生きものは、水がないと生きていけません。どうぶつもしょくぶつも、「さいぼう」というとても小さなつぶがあつまって、からだができています。そしてさいぼうは、ほとんどが水分なのです。

どうぶつは、からだの中でいらなくなったものを水にとかし、おしっこやあせなどで外に出します。しょくぶつも、葉などから水分をじょうはつさせます。出ていくばかりではからだがしぼんでしまうので、生きものはからだに水を入れなくてはなりません。

しょくぶつは、葉で自分のえいようを作ります。

---

① どうぶつやしょくぶつのからだは、何というつぶでできていますか。

（　　　）

② さいぼうについて、正しい文はどれですか。一つに○をつけましょう。
ア　全体が水分だけでできている。
イ　大部分が水分である。
ウ　水分が少しだけふくまれている。

読んだ日　月　日

が、そのとき、根からすい上げた水をつかいます。また、作ったえいようをからだのすみずみにとどけるためにも、水をつかいます。しょくぶつにも、水はとても大切なのですね。
だから、しょくぶつに水をやるときは、葉や花に水をかけるのではなく、根元の部分にかけるようにしましょう。

❸ しょくぶつは、葉で何を作りますか。四字で書きましょう。

❹ しょくぶつは、えいようをからだのすみずみにとどけるために、何をつかいますか。
（　　　　　　）

❺ しょくぶつに水をやるときは、どの部分に水をかければよいですか。
（　　　　　　）

12 しょくぶつ
花を食べるやさいってなに？

けんこうでいるためには、すききらいをせずにいろいろなものを食べることが大切です。みなさんは、やさいもちゃんと食べていますか。

わたしたちは、しょくぶつのいろいろな部分を、やさいとして食べています。トマトやピーマンは、「実」の部分を食べます。キャベツやレタスは「葉」の部分を、ニンジンやダイコンは「根」の部分を、ジャガイモやアスパラガスは「くき」の部分を、トウモロコシやクリは「たね」の部分を食べます。カリフラワーやブロッコリーは、「花」の部分を食べます。正しくは、花がさく前の「つぼみ」を食べています。また、花そのものを食べるものも、たくさんあります。しおづ

読んだ日　月　日

① わたしたちがやさいとして食べているものは、何ですか。（　）に合う言葉を書きましょう。

（　　　　　　　）の・（　　　　　　　）いろいろな部分。

② 実の部分を食べるやさいとして、ピーマンのほかにあげているものは何ですか。

（　　　　　　　）

けのサクラの花や食用のキクなどが、そのれいです。

←はたけにうわっているブロッコリー

食用のキク

しおづけのサクラの花

❸ ジャガイモやアスパラガスは、どの部分を食べるやさいですか。

（　　　）・（　　　）

❹ カリフラワーやブロッコリーは、どんなやさいですか。（　）に合う言葉を書きましょう。

（　　　）がさく前の（　　　）を食べるやさい。

13 しょくぶつ
サボテンにはどうしてとげがあるの？

サボテンにはいろいろなしゅるいがありますが、その多くにはとげが生えています。なぜでしょう。

サボテンは元もと、さばくに生えていたしょくぶつです。さばくは、何か月も雨がふらないようなかんそうした場所で、しょくぶつが生きるのはたいへんです。だからサボテンは、生きぬくためのさまざまなくふうをしてきました。

ふつうのしょくぶつは、いつも葉から水分を

読んだ日　月　日

① サボテンは、元もとどこに生えていましたか。

② さばくとは、どんな場所ですか。
（　　　）・（　　　）した場所。

③ サボテンのとげは、何がへんかしたものですか。どちらかに○をつけましょう。
　ア　葉　　イ　くき

じょうはつさせています。でもサボテンは、葉を小さくすることで、水分のじょうはつをできるだけふせいでいます。サボテンのとげは、葉だったのです。そしてとげは、草食どうぶつに食べられないよう、サボテンをまもる役目もします。
またサボテンは、ふくらませたくきに水分をたくわえたり、その水分がかわかないようにくきをぶあついかわでおおったりと、くふうをこらしています。

❹ サボテンにとげがなかったら、サボテンは何に食べられるかもしれないのですか。

（　　　）

❺ サボテンのくきについて、正しい文はどれですか。一つに○をつけましょう。

ア　ふくらんでいて、水分がたくわえられている。

イ　水分をじょうはつさせるために、大きな葉が生えている。

ウ　さむさをふせぐために、ぶあついかわでおおわれている。

14 からだ
冬にいきをすると白くなるのはなぜ？

冬の朝、学校に行くときに、はくいきが白くなったことがあるでしょう。

はいたいきは、むねから、はなや口を通って外に出ます。いきには外の空気よりも多くの水分がふくまれています。この水分は、水じょう気といううとても小さな水のつぶで、目には見えません。

手がつめたいときに、はあっといきをはきかけると手があたたまりますね。はくいきは、とてもあたたかくなっています。水じょう気のつぶは、あたたかい空気の中では、見えない小さなつぶのままちらばっていることができます。ところがいきが外に出てひえると、水じょう気のつぶは小さなつぶのままではいられなくなり、くっつき合っ

読んだ日　月　日

❶ はいたいきが白く見えるのは、いつですか。どちらかに○をつけましょう。
ア さむいきせつ。
イ あついきせつ。

❷ はいたいきには、外の空気とくらべて、何が多くふくまれていますか。

（　　　　）

❸ 目には見えないとても小さな水のつぶのことを、何といいますか。

（　　　　）

てしまいます。いきが白く見えるのは、水じょう気のつぶがくっついて大きくなり、目に見えるようになったからです。
気温が高いと、はいたいきもひえないので、水じょう気は水のつぶにはなりません。

さむい
見える
水じょう気のつぶがくっついている

さむくない
見えない
水じょう気のつぶ

❹ 水じょう気のつぶが、目に見えない小さでちらばっていられるのは、どんな空気の中ですか。どちらかに○をつけましょう。
ア あたたかい空気の中。
イ つめたい空気の中。
（　）

❺ 水じょう気のつぶがくっつき合うのは、なぜですか。どちらかに○をつけましょう。
ア あたたまったから。
イ ひえたから。
（　）

15 けがをすると血が出るのはなぜ？

けがをすると、赤い血がぽたぽたとながれてきます。人だけでなく、ネコやウサギなどのどうぶつ、鳥、魚のからだにも、血はながれていますよ。なかには虫のように、黄色やみどり色の血がながれている生きものもいます。血にはどんなやくわりがあるのでしょう。

人間をはじめとするどうぶつのからだは、「さいぼう」というとても小さなへやのようなものがあつまってできています。血は、さいぼうに、からだにとり入れた空気の中の「さんそ」や、えいようを、はこぶ役目をしているのです。血が通るくだを「けっかん」といいます。

さいぼうはからだ中にあるので、けっかんもか

---

① どうぶつのからだにある「とても小さなへやのようなもの」とは、何ですか。

（　　　　　　）

② 血がさいぼうにはこんでいるものは、何と何ですか。三字と四字で書きましょう。

らだ中をめぐっています。ひふに近いところにもけっかんがあります。けがをして、ひふだけでなく、その下にあるけっかんまで切れてしまうと、けっかんの中をながれている血が、きず口から出てくるのです。ひふがこすれただけで、けっかんにきずがつかなければ、血は出てきません。

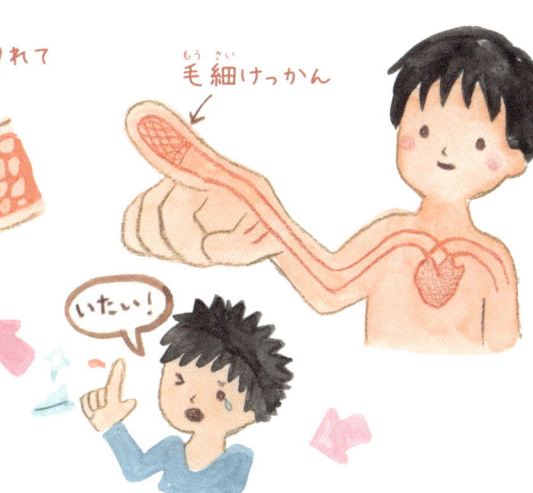

❸ けっかんとは何ですか。（　）に合う言葉を書きましょう。

・（　　　）を めぐっている、血が通る（　　　）。

❹ 血が出るのは、どんなときですか。どちらかに〇をつけましょう。
ア　ひふがこすれたとき。
イ　ひふと、その下にあるけっかんが切れたとき。

16 からだ

力にさされるとどうしてかゆくなるの？

カは、人間などどうぶつの血をすいます。でも、カの食べものは、しょくぶつのみつやしるです。オスのカは、血をすいません。メスのカだけが、たまごをそだてるのにつかうために、どうぶつの血をすうのです。

カは、はりのようにとがった口をどうぶつのひふにつきさして、血をすいます。口はとても細いので、さされてもいたくはありません。それどころか、カにさされると、そこがかゆくなります。なぜでしょう。

血は、からだの外に出て空気にふれると、かたまります。だからカは、血がかたまりにくくなるえきを、口からひふにながしこみます。このえき

---

❶ カは、何を食べますか。（ ）に合う言葉を書きましょう。

（ ）のみつやしる。

❷ 人間の血をすうのは、つぎのどれですか。一つに○をつけましょう。

ア　オスのカ。
イ　メスのカ。
ウ　オスのカとメスのカ。

❸ カの口を、何にたとえていますか。二字で書きましょう。

読んだ日　月　日

がからだに入ると、ひふは赤くふくれます。そしてわたしたちは、その部分にかゆみをかんじるのです。

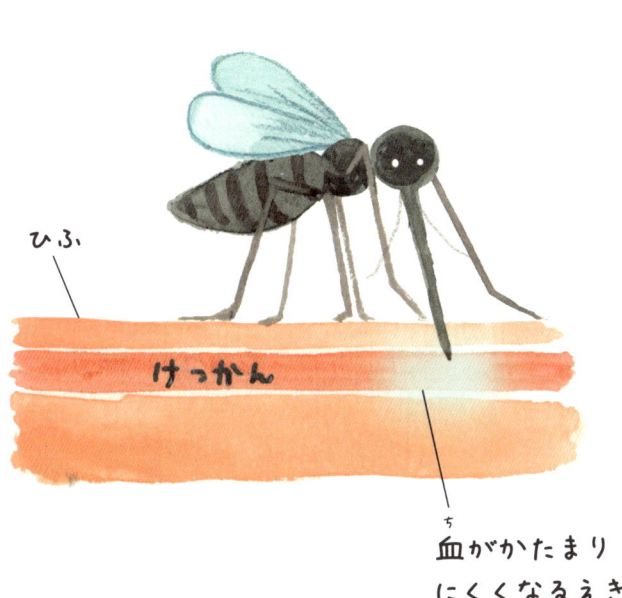

ひふ
けっかん
血がかたまりにくくなるえき

❹ 力にさされてもいたくないのはなぜですか。（ ）に合う言葉を書きましょう。

・（　　　　）の（　　　　）は
とても（　　　　）から。

❺ 血がかたまるのは、どんなときですか。（ ）に合う言葉を書きましょう。

・（　　　　）にふれた
とき。

17 あくびはどうして出るの？

あくびは、思わず出てしまうものです。「あくびをしよう」と思っても、なかなかうまくはいかないはずです。あくびは、ねむいときやつかれているときなどに出ます。ぼんやりしているときやたいくつなときに、出ることもあります。

ねむいときなどには、わたしたちの頭の中にある「のう」が、あまりはたらいていません。のうがちゃんとはたらくためには、空気中の「さんそ」がたくさんひつようです。だからのうは、はたらきを元どおりにするため、からだにたいして、もっとさんそをとりこむようにめいれいを出します。わたしたちはふだん、おもにはなをつかっていきをすっていますが、のうからのめいれいが

読んだ日　月　日

❶ あくびについて、正しい文はどれですか。一つに〇をつけましょう。
ア　出したいときに出せる。
イ　ねむいときに出る。
ウ　ぼんやりしているときには出ない。

❷ ねむいときなどに、あまりはたらいていないものは何ですか。二字で書きましょう。

☐☐

34

どくと、思わず口をひらいて、一度に空気をたくさんすいこみます。このどうさが、あくびなのです。つまり、いしきしないで行う、しんこきゅうと言えるでしょう。

❸ のうがしっかりとはたらくためにひつようなものは何ですか。三字で書きましょう。

❹ あくびについてのせつめいとなるように、（　）に合う言葉を書きましょう。
・さんそをもっととりこむよう、のうがからだにめいいすることで、思わず（　）がひらき、（　）を一度にたくさんすいこむどうさ。

18 どうしてつめはあるの？

わたしたちは、時どきつめを切ります。つめは、ひふがかたくなったものです。

つめは、つめの根元のところで毎日新しく作られ、指先へとおし上げられていきます。手のつめは、十日で一ミリメートル、一か月で三ミリメートルほどのびます。足のつめののび方は、もう少しゆっくりです。

もしつめがないと、やわらかい指先だけでは、わたしたちはものをつまむことができません。指先に力がこめられないからです。ボタンをおすことも、キーボードをたたくことも、うまくできません。ピアノやギターをひくこともできません。はさみもつかえません。

① つめとは何ですか。（　）に合う言葉を書きましょう。

（　　）が（　　）なったもの。

② 手のつめと足のつめでは、どちらのほうがはやくのびますか。

（　　）のつめ。

読んだ日　月　日

切らずにほうっておくと、つめは長くなりすぎて、われたりはがれたりしやすくなります。そうすると、つめはやくわりをはたせませんし、わたしたちの指先もまもられません。だから、つめを切っておくことは大事なのです。

つめ
ここでつめが作られる

❸ つめがないと、どんなことができないのですか。（ ）に合う言葉を書きましょう。

・ものを（　　）（　　）こと。

・ボタンを（　　）こと。

・（　　）をたたくこと。

・ピアノや（　　）を（　　）こと。

・（　　）をつかうこと。

19 虫歯ってなに？

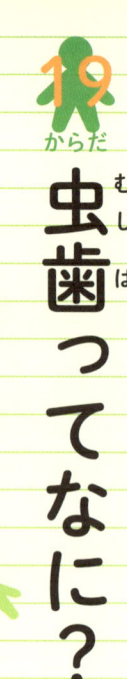

食べものを、かみ切ったりかみくだいたりするというやくわりをもっている、わたしたちの歯。歯は、とても大切です。みなさんは、しっかりと歯をみがいていますか。

虫歯は、口の中にいるとても小さな「ミュータンスきん」というきんに、歯をとかされてしまう病気です。このきんの食べものは、わたしたちが食べたもののこりかすです。とくに、あまいものがミュータンスきんの大こうぶつです。だから、歯にあまいものがついていると、そこにきんがふえ、歯をとかしてしまいます。

子どもの歯から大人の歯に生えかわった後は、もう新しい歯に生えかわることはありません。虫

---

① 歯には、どんなやくわりがありますか。（　）に合う言葉を書きましょう。

（　　　　　　　）をかみくだくやくわり。

② ミュータンスきんは、どんなことをするきんですか。一つに〇をつけましょう。

ア　歯をとかす。
イ　食べものをくだく。
ウ　あまいものをふやす。
エ　新しい歯を作る。

読んだ日　月　日

38

歯にならないよう、食後にはていねいに歯をみがいて、食べもののかすをのこさないようにしましょう。そして、もしも虫歯になってしまったら、歯のおいしゃさんにすぐ行きましょう。

❸ ミュータンスきんはどんなものがすきですか。五字で書きましょう。

❹ 正しい文はどれですか。一つに○をつけましょう。
ア ミュータンスきんは、食べたもののこりかすをとかす。
イ ミュータンスきんは、歯にあまいものをつける。
ウ 大人の歯が生えた後は、新しい歯には生えかわらない。

20 みぢかなふしぎ　すなにじ石をつけるとくっつくものは？

じ石には、てつをくっつけるはたらきがあります。

すなの中にじ石を入れて、線をかくようにうごかしてみましょう。すると、じ石の先に黒いこなのようなものがぞろぞろとくっついてきます。これは、さてつという、おもにてつでできたこうぶつのかけらです。こうぶつとは、岩や石のもとになるものです。

じ石に長いてつのくぎを近づけると、くぎはすぐにじ石にくっつきます。では、くっついたくぎにべつのくぎを近づけるとどうでしょう。今度は、くぎとくぎがくっついてしまいます。これは、じ石にくっついたくぎが、じ石のはたらきを

読んだ日　月　日

① じ石には、何をくっつけるはたらきがありますか。

（　　　）

② すなの中にじ石を入れてうごかしたとき、じ石の先にくっついてくる黒いこなのようなもののことを、何といいますか。

（　　　）

40

するようになったからです。

じ石にくっついたさてつは、このくぎのように、つぎつぎと新しい小さなじ石にへんしんして、おたがいにくっつき合うことができるのです。

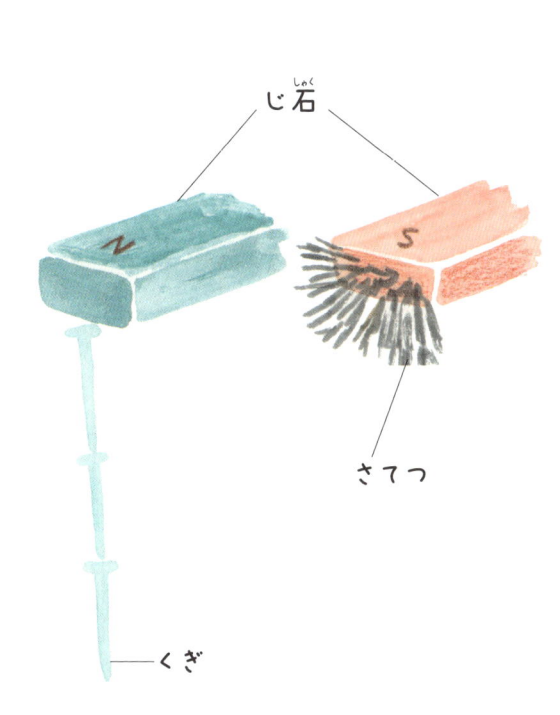

図：じ石（N、S）、さてつ、くぎ

❸ 岩や石のもとになるもののことを、何といいますか。
（　　　　　）

❹ じ石にくっついたくぎに、べつのくぎがくっつくのはなぜですか。（　）に合う言葉を書きましょう。

・（　　　）にくっついたくぎが、じ石の（　　　）を（　　　）しているから。

41

21 みぢかなふしぎ
手と手をこするとなぜあつくなるの？

手がつめたいとき、いきをハーッとかけると、あたたかくなります。あるいは、手と手をいきおいよくこすり合わせても、手があたたかくなります。これはどうしてでしょう。

ものとものとがこすれ合うと、ねつが出ます。このねつを「まさつねつ」といいます。公園や校庭でもけいけんしたことがあるでしょう。たとえば、すべり台をすべり下りるとき、おしりがあつくなることがあります。また、のぼりぼうを下りるとき、ぼうをにぎったままだと、手があつくなります。これらも「まさつねつ」です。紙に書いたえんぴつの字をけしゴムでけしたと

読んだ日　月　日

❶ まさつねつとは何ですか。（　）に合う言葉を書きましょう。

・ものとものが（　）ときに出る（　）。

❷ 公園や校庭でけいけんできるまさつねつのれいとして、のぼりぼうのほかに何をあげていますか。

（　）

き、紙やけしゴムをあたたかくかんじたことはありませんか。「まさつねつ」が発生したしょうこです。ためしてみてください。

❸ 紙に書いたえんぴつの字をけしゴムでけしたとき、あたたかくなるものは何ですか。二つに◯をつけましょう。

ア　紙
イ　えんぴつ
ウ　けしゴム

❹ 手と手をいきおいよくこすり合わせたときに手があたたかくなるのは、何が発生したからですか。五字で書きましょう。

22 タマネギを切るとなみだが出るのはなぜ？

タマネギを切ったことがありますか。ほうちょうでタマネギを切っていると、目からなみだが出てきますね。これはなぜでしょう。

タマネギを切ると、するどいほうちょうが、タマネギをつくっているたくさんの小さな「さいぼう」をきずつけます。すると、タマネギのさいぼうからいろいろなものが外にとび出します。とび出してきたもののなかには、人の目やはなをしげきして、なみだを出させるものがふくまれているのです。これは、すぐに空気中をとんで、タマネギを切っている人の目やはなにとびこんできます。すると、のうが、少しでも早くそれをあらいながすよう、なみだを出すめいれいをからだに出し

読んだ日　月　日

① 目からなみだが出るのは、タマネギをどうしたときですか。一つに○をつけましょう。

ア　たくさん食べたとき。
イ　外がわのかわをむいたとき。
ウ　するどいほうちょうで切ったとき。

② タマネギをつくっている、たくさんの小さなもののことを、何といいますか。

（　　　　　）

ます。だから、タマネギを切ると、しぜんになみだが出てくるのです。

目やはなをしげきするもの →

タマネギのさいぼう

早くなみだであらいながせ！

❸ 「それ」があらわすものとして、当てはまらないものはどれですか。一つに○をつけましょう。
ア タマネギのきずついたさいぼう。
イ 人の目やはなをしげきするもの。
ウ 人になみだを出させるもの。

❹ なみだを出すようにからだにめいれいを出すものは、何ですか。

（　　）

23 昼と夜があるのはなぜ？

地球は大きなボールのような形をしていて、北と南をむすぶ線を中心にして、一日に一回くるりとこまのように回転しています。わたしたちはその上でくらしていますが、まわりもいっしょに回っているので、うごいているようにはかんじません。

さて、野球やサッカーのボールを太陽にかざしてみると、ボールには光が当たっているところと、かげになるところができますね。地球も同じように太陽にてらされて、日なたの部分と日かげの部分ができています。日なたのところが昼で、日かげのところが夜なのです。ところが、地球は一日に一回転しているので、

① 地球の形を、大きな何にたとえていますか。

（　　　）

② 地球が一日に一回転するようすを、何にたとえていますか。二字で書きましょう。

③ 太陽にかざしたボールの、光が当たっていない部分は、何になっていますか。

読んだ日　月　日

46

わたしたちのすんでいるところは、日なたになったり、日かげになったりします。日なたに出てきたとき、地上では太陽がのぼり、朝になります。ぐるりと半分回って日かげに入るときには、地上では太陽がしずみ、夜になるのです。

❹ 太陽にてらされた地球の、日かげの部分は昼ですか、それとも夜ですか。

（　　　）（　　　）

❺ 太陽がのぼってきたときは、どんなときですか。どちらかに○をつけましょう。
　ア　すんでいるところが日なたに出てきたとき。
　イ　すんでいるところが日かげに入ったとき。

24 月のもようはどうしてあるの？

月は地球のまわりを回っている「えい星」です。大むかし、太陽や地球が生まれたその少し後に、大きな星が地球にしょうとつしました。そのときに地球の中身がとび出し、やがてそれが丸まって月になったと考えられています。

その後、月にはたくさんの星のかけらがしょうとつし、月の中の岩石がとてもあつくなってとけはじめました。やがて、とけた岩石が月のひょうめんにながれ出しました。

月の黒っぽいところは、日本では、おもちをつくうさぎのすがたに見えるといいます。この黒いところは、じつは、このときにながれ出た、とけた岩石のあとなのです。はんたいに、白く光った岩石のあとなのです。

読んだ日　月　日

❶ 月は地球のまわりを回っていますが、このような星を何といいますか。
（　　　　　）

❷ 太陽と月では、どちらが先にできましたか。
（　　　　　）

❸ 地球と月では、どちらが先にできましたか。
（　　　　　）

いるのは、岩石のながれが来なかった高いところで、星のかけらがぶつかってできた「クレーター」というくぼみが、そのままたくさんのこっています。

❹ 月の中の岩石がとてもあつくなったのは、なぜですか。一つに○をつけましょう。
ア　月が地球のまわりを回っているから。
イ　月は地球の中身がとび出したものだから。
ウ　月にたくさんの星のかけらがしょうとつしたから。

❺ とけた岩石のながれが来なかった部分にあるくぼみを、何といいますか。
（　　　　　　　）

25 うちゅう

ながれ星ってなに？

ながれ星が光っている間に、ねがいごとをすると、ねがいがかなうと言われています。でも、ながれ星は夜空にとつぜんかがやいて、あっと言う間にきえてしまうので、ねがいごとを言いおえるのはかんたんではありません。

さて、夜空の星のほとんどは、太陽と同じように自分で光っていて、地球よりもずっと大きなのです。いっぽう、ながれ星は、ほとんどが一ミリメートルから数センチメートルという小さな「すい星」が地球の通り道にのこしていったちりで、このちりが地球のはこおりや石でできています。ながれ星は、ほうき星ともよばれるるか上空で空気とはげしくぶつかり合い、あつく

読んだ日　月　日

❶ ながれ星が光っているのは、どれくらいの時間ですか。どちらかに○をつけましょう。

ア　ねがいごとが言えないくらいの、みじかい時間。

イ　ねがいごとを言えるくらいの、長い時間。

❷ 夜空に見えるほとんどの星は、地球と太陽のどちらににていますか。

（　　　　　　　　）

50

なって光を出すのです。大きなながれ星は「火球」とよばれますが、それでも地上におちてくることは、めったにありません。ほとんどのながれ星は、いっしゅんのうちにかがやいて、空気の中にきえてしまいます。

（図：空気・ながれ星・地球）

❸ ながれ星は、何でできていますか。五字で書きましょう。

❹ 大きなながれ星は、何とよばれますか。

（　　　　　）

❺ ほとんどのながれ星は、光った後にどうなりますか。一つに〇をつけましょう。
ア　地上におちてくる。
イ　空気中にきえる。
ウ　ほうき星になる。

答えとアドバイス

おうちの方へ
◎解き終わったら、できるだけ早めに答え合わせをしてあげましょう。
◎まちがった問題は、もう一度やり直させてください。

1 こん虫はどこでいきをするの？　2〜3ページ

① ア
② こきゅう
③ おなかのりょうがわ
④ ウ

【アドバイス】
④ トンボやバッタなどの腹を観察すると、呼吸の際に動いているのがわかります。

2 魚はどこでいきをするの？　4〜5ページ

① さんそ
② はい
③ えら・さんそ・にさんかたんそ
④ イ

【アドバイス】
魚が吸い込んだ水に溶けている酸素は、えらの内側にあるひだから体内に取り込まれます。

3 魚はねむるの？　6〜7ページ

① 金魚
② じっと・いき
③ イソギンチャク
④ イ

【アドバイス】
③ イソギンチャクには毒針があるので、たいていの魚は近寄りませんが、クマノミとは共生関係にあります。

4 ネコのひげはなんのためにあるの？　8〜9ページ

① 目の上・あご
② 下
③ ア
④ ひげの根元

【アドバイス】
① 顔の横側に伸びている毛だけではなく、目の上から生えている長い毛なども、ネコの「ひげ」です。

5 イカやタコにはほねがないの？　10〜11ページ

① イカ
② からだ
③ から
④ から・なごり

【アドバイス】
④ 「コウイカ」は、漢字では「甲烏賊」と書きます。体内の「甲」は、「烏賊の舟」とも呼ばれます。

52

6 アゲハのさなぎの中はどうなっているの？ 12〜13ページ

1. しわくちゃ
2. いもむし
3. かわ
4. ア・エ

【アドバイス】
4 「チョウのなかまは、…かならず一度さなぎになります」とあるので、イは違います。

7 こん虫の目はいくつもあるって本当？ 14〜15ページ

1. ふくがん
2. こがん
3. 色
4. たんがん
5. イ

【アドバイス】
「ふくがん・こがん・たんがん」の漢字表記は、「複眼・個眼・単眼」です。

8 アリジゴクってどうなっているの？ 16〜17ページ

1. アリジゴク
2. すな
3. すりばち
4. ア
5. すなつぶ

【アドバイス】
4 「細かいすなつぶ」「すながくずれおちて」といった表現から考えます。

9 ミツバチはなぜはちみつを作るの？ 18〜19ページ

1. す
2. 冬、
3. 女王バチ
4. イ
5. イ

【アドバイス】
5 花のみつの水気をとばしたものがはちみつである、という流れです。

10 なぜ冬になっても葉がおちない木があるの？ 20〜21ページ

1. たね・えいよう
2. イ
3. かわいた空気
4. イ

【アドバイス】
1 植物が、光のエネルギーを用いて二酸化炭素と水から有機物を作り出す「光合成」についての説明です。

11 水をやらないとなぜしょくぶつはかれるの？ 22〜23ページ

1. さいぼう
2. イ
3. えいよう
4. 水
5. 根元

【アドバイス】
2 「…さいぼうは、ほとんどが水分なのです」とあります。

53

12 花を食べるやさいってなに？ 24〜25ページ

① しょくぶつ
② トマト
③ くき
④ 花・つぼみ

【アドバイス】
③ ジャガイモは、肥大した地下茎である「塊茎（かいけい）」を、食用としています。

13 サボテンにはどうしてとげがあるの？ 26〜27ページ

① さばく
② かんそう
③ ア
④ 草食どうぶつ
⑤ ア

【アドバイス】
⑤ サボテンの茎は、水分の蒸発を防ぐために分厚い皮で覆われています。

14 冬にいきをすると白くなるのはなぜ？ 28〜29ページ

① ア
② 水分
③ 水じょう気
④ ア
⑤ イ

【アドバイス】
はいた息が白く見える現象は、体験済みのお子さんも多いことでしょう。

15 けがをすると血が出るのはなぜ？ 30〜31ページ

① さいぼう
② さんそ・えいよう
③ からだ中・くだ
④ イ

【アドバイス】
② 血液は細胞に酸素や栄養などを運ぶ働きと、細胞から二酸化炭素と不要物を運び去る働きをしています。

16 力にさされるとどうしてかゆくなるの？ 32〜33ページ

① しょくぶつ
② イ
③ はり
④ カ・ロ・細い
⑤ 空気

【アドバイス】
④ カの口の細さを参考にして、痛くない注射針が開発されました。

17 あくびはどうして出るの？ 34〜35ページ

① イ
② のう
③ さんそ
④ ロ・空気

【アドバイス】
① 第一段落の内容から、答えをさがします。

54

18 どうしてつめはあるの？
36〜37ページ

① ひふ・かたく
② 手
③ つまむ・おす・キーボード・ギター・ひく・はさみ

【アドバイス】
② 手の爪のほうが伸びるのが速いのには、足より手のほうがよく使うから、などの理由が考えられています。

19 虫歯ってなに？
38〜39ページ

① 食べもの
② ア
③ あまいもの
④ ウ

【アドバイス】
③ 第二段落に、「とくに、あまいものがミュータンスきんの大こうぶつです」とあります。

20 すなにじ石をつけるとくっつくものは？
40〜41ページ

① てつ
② さてつ
③ こうぶつ
④ じ石・はたらき

【アドバイス】
④ 磁石にくっついたことで磁気を帯びた鉄くぎも、ずっとその状態を保ち続けるわけではありません。

21 手と手をこするとなぜあつくなるの？
42〜43ページ

① こすれ合う・ねつ
② すべり台
③ ア・ウ
④ まさつねつ

【アドバイス】
③ 選択肢の中から、二つを選んで解答することに注意します。

22 タマネギを切るとなみだが出るのはなぜ？
44〜45ページ

① ウ
② さいぼう
③ ア
④ のう

【アドバイス】
③ 選択肢の中から、当てはまらないものを選んで解答することに注意します。

23 昼と夜があるのはなぜ？
46〜47ページ

① ボール
② こま
③ かげ
④ 夜
⑤ ア

【アドバイス】
一日のうちに昼と夜が交互に訪れることは、地球の自転と関係しています。

24 月のもようはどうしてあるの？ 48〜49ページ

① えい星
② 太陽
③ 地球
④ ウ
⑤ クレーター

【アドバイス】
月の模様は、世界各地でさまざまなものにたとえられています。

25 ながれ星ってなに？ 50〜51ページ

① ア
② 太陽
③ こおりや石
④ 火球
⑤ イ

【アドバイス】
② 夜空に見える星のほとんどは、自分で光と熱を発する「恒星(こうせい)」です。

◆デザイン　　川畑あずさ
◆表紙イラスト　田島直人
◆本文イラスト　かとーゆーこ
◆編集協力　　田中裕子，市村均，大野彰
◆DTP　　　　株式会社四国写研

この本は，下記のように環境に配慮して製作しました。
※製版フィルムを使わない，CTP方式で印刷しました。
※環境に配慮した紙を使用しています。

おはなしドリル　科学のおはなし　小学2年

2014年6月　　　初版発行
2022年3月25日　第13刷

編者　　学研教育出版
発行人　代田雪絵
編集人　松田 こずえ
編集担当　中村円香
発行所　株式会社 学研プラス
　　　　〒141-8415
　　　　東京都品川区西五反田2-11-8
印刷所　株式会社広済堂ネクスト

◎この本に関する各種お問い合わせ先
＊本の内容については，下記サイトのお問い合わせフォームよりお願いします。
　https://gakken-plus.co.jp/contact/
＊在庫については
　Tel 03-6431-1199（販売部直通）
＊不良品（落丁，乱丁）については
　Tel 0570-000577
　学研業務センター
　〒354-0045 埼玉県入間郡三芳町上富279-1
＊上記以外のお問い合わせは
　Tel 0570-056-710（学研グループ総合案内）

©Gakken
本書の無断転載，複製，複写（コピー），翻訳を禁じます。
本書を代行業者等の第三者に依頼してスキャンやデジタル化することは，たとえ個人や家庭内の利用であっても，著作権法上，認められておりません。